Da Fong

Der Rollende Spiegel

Taoistische Atem- und Bewegungsübungen
zur Regeneration
im Wechsel der Jahreszeiten

edition Tramontane

1. Auflage 1994

Printed in Germany

ISBN 3-925828-34-6

Inhalt

Einführung

Der Rollende Spiegel als Bild stetiger Veränderung

Uneins zu sein mit dem Prinzip der Veränderung
ist der niederste Weg.
Veränderung wie ein im Wind wehendes Blatt
zu akzeptieren,
ist der mittlere Weg.
Das Prinzip der Veränderung zu nutzen,
wie der Maler seine Palette und
der Zimmermann sein Werkzeug,
Das ist der höchste Weg.

Unsere Welt der Erscheinungen unterliegt ständiger Veränderung. Sie wird daher im Taoismus mit dem Spiegelbild des Mondes auf einer Wasseroberfläche verglichen. In dieser Erscheinungswelt beginnen die Phänomene schon zum Zeitpunkt ihres Entstehens wieder zu schwinden. Auf ihrem Höhepunkt verwandeln sie sich und zeigen bereits Spuren der Auflösung; doch ebenso kehren die Kräfte schon in demselben Augenblick wieder zurück, wenn sie sich gerade erst zu entziehen scheinen. Kein Ding kann länger als auch nur einen Augenblick gleich bleiben, was sich mit dem Bild des fließenden Wassers veranschaulichen läßt. Diese traumähnliche Realität spiegelt ihre veränderliche Natur unaufhörlich wider, verändert ihre Seiten und rollt ständig weiter. Sie ist daher treffend zu umschreiben mit dem Bild des Rollenden Spiegels.

Die Sphäre des Rollenden Spiegels ist einer Kugel in ständiger Bewegung vergleichbar. Sie reflektiert die Gegensätze, die der Mensch auch in sich trägt: Wird sie im Zustand der Klarheit erblickt, erscheint sie wie eine ruhige Wasserfläche. Ist die Sicht dagegen getrübt, verändert sie sich zu Chaos und Verwirrung – und, wiederum in ihr Gegenteil umschlagend, auch zu einer starren und einengenden Form von Ordnung. Doch unbeeindruckt, unbeirrt, ja unerbittlich rollt die Kugel weiter.

Je nach Art dieser Widerspiegelung ist darin Freiheit zu finden – oder zu verlieren. Denn bestenfalls können wir uns nur eine Zeitlang die Illusion vorspiegeln, daß Gutes nicht vergeht und Schlechtes erst gar nicht in Erscheinung tritt. Das Hauptmerkmal des Rollenden Spiegels, die Veränderung, ist für manchen ein Anlaß zur Bestürzung, doch sie kann auch ein Grund zur Freude sein.

Wenn der Geist uneins mit dem Weg, das heißt, mit dem Gesetz der Veränderung ist, wird dies als Enttäuschung und Frustration erlebt. Den Weg der Veränderung zu leugnen ist gleichbedeutend mit der Weigerung, sich mit dem Großen Rad zu drehen. Traditionell wird dafür auch das Bild einer Ameise gebraucht, die mit ihren Beinchen die Bewegung eines sich unter ihr drehenden Mühlsteins bremsen will. Am besten ist es, sich zu entspannen und die Reise zu genießen, denn der Rollende Spiegel dreht sich ohnehin weiter – ob wir dies nun wollen oder nicht. Ein großer Lehrmeister ist das Strömen des fließenden Wassers.

Eine Möglichkeit, sich selbst mit dem Leben in all seiner Vergänglichkeit zu versöhnen, besteht für uns darin, mit der Drehung des Spiegels eins zu werden. Wenn die eigene Drehung auf die Drehung des Spiegels abgestimmt ist, wird man so ausgerichtet, daß die Bewegung des Rades von der eigenen Mitte ausgeht. Wer weder dem Leben noch seiner Vergänglichkeit entkommen will, wer selbst mit dem Rollenden Spiegel rollt, erlangt eine große Kraft. Von einem Weisen läßt sich sagen, daß er sich sowohl agierend innerhalb dieser rollenden Kugel als auch beobachtend außerhalb von ihr befindet. Er hält den Spiegel wie einen Kieselstein in seiner Hand und sieht darin die Vollkommenheit in der Unvollkommenheit. Während der Spiegel sich dreht, befinden sich alle Dinge in ständigem Fluß, in der Kraft des Werdens ebenso wie des Vergehens. Diese unaufhörliche Veränderung in all ihrer Gegensätzlichkeit von Begegnung und Rückzug, Verschmelzung und Trennung, Ausdehnung und Zusammenziehung ist in sich so stimmig, daß sie die »Vollkommenheit der Unvollkomenheit« genannt wird.

In der Sphäre des Rollenden Spiegels wissen viele nicht, wie die Zeit zu nutzen ist; statt dessen werden sie von ihr be-nutzt. Häufig sind sie auch deshalb nicht im Einklang mit dem Rollenden Spiegel, weil sie versuchen, das Eintreten des Guten zu beschleunigen und das Herannahen des Schlechten möglichst ganz zu verhindern. Zudem lieben sie die Geschwindigkeit, weil sie meinen, damit Zeit zu sparen. Geduld, die Kunst, auch einmal warten zu können, achten sie dagegen gering, weil sie glauben, damit Zeit zu vergeuden. Doch wofür »sparen« sie eigentlich ihre Zeit? Denn was bringt es, sich immer beeilen zu müssen und damit vermeintlich Zeit zu sparen, ohne die Klarheit des Geistes zu besitzen, sich daran überhaupt erfreuen zu können?

Man sollte nicht vergessen, daß Langsamkeit der Ruhe und Aktivität der Geschwindigkeit untergeordnet ist. Etwas gut zu tun heißt, es von Anfang bis Ende mit der Klarheit der inneren Ruhe und der Aktivität des äußeren Stroms zu tun. Es kommt hier die alte Weisheit zur Anwendung:

»*In Bewegung wie Wasser,*
in Ruhe wie ein Spiegel sein«.

Doch weil der Geist häufig nicht in sich selbst ruht, sondern eher mit den wechselnden Umständen wie Espenlaub im Wind zittert, bewegt sich der Körper nicht geschmeidig und fließend, sondern hart und ruckartig. Fast ließe sich der obige Vers umkehren zu:

»*In Bewegung wie ein Felsen,*
in Ruhe wie ein flatterndes Blatt sein«.

Manche bewegen sich gut, doch es fehlt ihnen die Klarheit der Ruhe. Sie können zwar handeln, aber nicht warten. Andere dagegen kennen nur die Ruhe. Ihre Energie ist schwach, sie scheinen nicht in Bewegung zu kommen. Wenn sie handeln, weil sie es müssen, geschieht dies nicht fließend, sondern ruckweise.

Um völlig eins mit dem Handeln zu sein, muß es aus der Ruhe entstehen – und umgekehrt ist Handeln nicht zu vermeiden, um vollkommen ruhig zu sein. Das heißt, man muß mit totaler Aktivität ebenso wie mit totaler Stille eins werden können. Wer wirklich dazu bereit ist, die ihn umgebende ständige Veränderung ganz zu akzeptieren, kann mit der Bewegung fließen und doch völlig ruhig erscheinen – wie im Zentrum des Wirbelsturms.

Dieses vollkommene Handeln aus der Ruhe ist der Weg des Krieger-Weisen, der sich in Bewegung kraftvoll wie fließendes Wasser verhält und in Ruhe wie ein Spiegel ist – wie ein klares stehendes Gewässer, das seine innere und äußere Umgebung widerspiegelt.

Durch die Erfahrung stetiger Veränderung ist die Sphäre des Rollenden Spiegels auch ein Bereich ständiger Herausforderung – und damit ein hervorragendes Übungsfeld. In der Tradition des Tao ist es der *Kensei*, der friedvolle und weise Krieger, der durch die Klarheit seines Geistes und seines Handelns direkten Zugang zu der magischen Kugel des Rollenden Spiegels gewinnt. Er lebt in der unbeeindruckten Wahrnehmung des Kommens und Gehens, inmitten dieser sich stetig wandelnden Welt der Gegensätze, ohne sich in ihnen zu verlieren – doch auch ohne den Versuch, sich ihnen zu entziehen. Die Möglichkeit von Konflikt ist für ihn die Konfrontation und Verschmelzung mit Energie, worin die Gegensätze eingeschlossen sind. Aus der Klarheit seiner Sicht und einem heiteren Akzeptieren dieser Gegensätze erwächst seine natürliche Ganzheit.

Der Krieger-Weise führt ein reiches Leben, das Ausdruck seines ureigenen vitalen Interesses an allen Dingen ist. Auf seiner Reise, die ihn durch ständige neue Herausforderungen führt, sucht er nach dem Wunder, das im ganz Gewöhnlichen, im Alltäglichen verborgen ist und das seine Trennung vom »Hier und Jetzt« aufhebt. Der Welt gegenüber nimmt er eine Haltung staunender Dankbarkeit ein. Er ist gleichzeitig Krieger und Weiser: Handelnder in der Welt der Erscheinungen – und Schüler des Lebens: Beobachter des unaufhörlich vorbeifließenden Stroms.

Der Krieger-Weise lebt in und aus einem Geist der ständigen Bereitschaft. Er ist offen und entspannt, und doch immer wach und bereit – wie eine Katze. Aus dieser Bereitschaft erwächst seine innere Stärke, total handeln zu können. Eine seiner wesentlichsten Tugenden ist die Furchtlosigkeit. Gewöhnlicher »Mut« ist oft nur das ergänzende Gegenstück zu »Furcht«. Furchtlosigkeit aber erwächst aus der Entscheidung, vor nichts zu fliehen, da es nichts zu verlieren gibt.

Das Herzstück des Rollenden Spiegels ist nichts anderes als die ständige Umwandlung von Energie. Alle Dinge, die existieren, sich bewegen, sich verändern und wieder verschwinden, sind Umwandlung derselben einen Energie in unzählige Muster, Größen und Formen.

In der taoistischen Philosophie wird ein neugeborener Mensch mit feuchtem Ton verglichen, der jede Form annehmen kann. Er ist darin wie Wasser. Wird er älter, beginnt der Ton auszutrocknen und wird, vor allem unter Druck, Sprünge bekommen. Nur wenn er wieder befeuchtet und dadurch geschmeidig wird, kann seine Form – wenn auch schon mit einer gewissen Mühe – wieder verändert werden. Der Mensch ist darin wie Erde: Er verliert das Gefühl des Fließens, und seine Bewegungen werden etwas schwerfälliger; doch unter größerem Druck, beispielsweise durch eine Krise oder ein Unglück, ist die Anpassung an Veränderung noch möglich.

Schließlich wird der Ton gebrannt. Der Mensch wird so hart wie Stein – eher versinkt er, als daß er mitfließt. Doch selbst Stein kann noch in Fluß gebracht werden: bei starkem Druck, durch große Hitze oder in einer sehr, sehr langen Zeit.

Der Krieger-Weise besitzt eine große Kraft zu Wandlung und Veränderung. Er paßt sich den Gegebenheiten ohne Widerstand an, und auch ohne sich selbst zu entfremden, da er stets in sich selbst ruht. Seine körperliche Vitalität wird durch die Offenheit und Flexibilität seines Geistes unterstützt, und diese geistige Beweglichkeit dient dann auch als Kompensation für das rein biologische Alter. Seine große Kunstfertigkeit liegt in der minutiösen Wahrnehmung von Veränderung und in der Bewegung in Übereinstimmung damit. Dies ist das Geheimnis für seine Fähigkeit zur Ruhe im Handeln.

Allgemeines zu der Übungsfolge

Die praktische Anschauung stetiger Veränderung in der Drehung des Rollenden Spiegels kann durch sehr alte, wenn nicht zeitlose, chinesische Übungen wirksam unterstützt werden. Sie sind überliefert von umherwandernden Taoisten, die wegen ihrer erstaunlichen Vitalität und Langlebigkeit gerühmt werden. Aus einer großen Fülle hat Da Fong sie bei vielen Anlässen zusammengestellt.

In diesen Übungen verbinden sich Körperbewegung und Atemrhythmus. Sie wechseln alle fünfzehn Tage und ermöglichen es damit, sich in Harmonie mit den Energien der jeweiligen Zeitphase des Jahres zu bringen. Damit wird der Zyklus der Jahreszeiten als wichtiger Bestandteil des Rollenden Spiegels unmittelbar über die ganz konkrete Körpererfahrung erlebt und nachvollzogen.

Die Chinesen betrachten die Jahreszeiten unter dem Aspekt ihrer Entstehung und ihres energetischen Niedergangs. Daher entspricht der Anfang einer Jahreszeit bei uns bereits dem Höhepunkt der chinesischen Jahreszeit. Zum Beispiel liegt der »Frühlingspunkt«, bei den Chinesen der Beginn des neuen Jahres und gleichzeitig des Frühlings, je nach Stand des Neumonds zwischen dem 20.1. und dem 20.2., also nach westlichem Kalender mitten im Winter. Hier wie dort ist das Jahr durch Sonnwenden und Tagundnachtgleichen gegliedert. Jede Jahreszeit ist in sechs Phasen unterteilt, wodurch das Jahr 24 Zeitabschnitte mit besonderen klimatischen und energetischen Eigenschaften erhält.

Die Morgenübungen des Rollenden Spiegels, deren Abfolge sich nach diesen 24 Phasen richtet, sind hier dem westlichen Kalender angeglichen worden. Sie werden durch eine regelmäßige Massage der Finger und Hände während des Tages sowie eine allabendliche Gesichtsmassage wirkungsvoll ergänzt und unterstützt.

Diese Übungen sind sehr leicht zu erlernen und beanspruchen wenig Zeit (zumal sie auch dazu dienen, Streß in Chi zu verwandeln). Bei den einzelnen Übungen sind jeweils Vorschläge für eine Mindestpraxis angeführt, die jedoch jeder, nach eigener Lust und Laune und nach seinen Möglichkeiten, ausdehnen kann. Sie werden gewöhnlich im »Schneidersitz« auf einem Teppich oder kleinen Kissen ausgeführt, damit keine Verspannungen in der Leistengegend auftreten.

Unter der Voraussetzung, daß sie in Übereinstimmung mit dem Jahreszyklus täglich ausgeführt werden, sind diese Übungen von außerordentlicher Wirksamkeit für die Ruhe und Beweglichkeit von Körper und Geist. Sie sollten jedoch ohne das Gefühl einer »Pflicht«, sondern eher wie eine freudige Kür, entspannt und in guter Laune praktiziert werden. Stets werden sie mit einem »inneren Lächeln« abgeschlossen, das eine allzu bewußte und vom Willen gesteuerte Konzentration mildert und sich als positive Ausstrahlung einer heiteren Ruhe auf die Umgebung zeigt.

Wer in der inneren Stärke des Weisen-Krieger ruht, braucht weder zu kämpfen noch sich völlig zurückzuziehen. Er zieht sich ein wenig zurück – und ist dann einfach in sich zentriert da.

Nichts ist weicher und nachgiebiger
unter dem Himmel als Wasser.
Doch nichts ist besser für das Angreifen des Festen
und Starken;
Nichts kommt dem gleich.
Das Bewegliche kann das Starre überwinden.
Das Weiche kann das Harte überwinden . . .

(Lao Tse, Vers 78)

Der Zyklus des Wechsels der Jahreszeiten

Im Frühling wiedergeboren werden,
sich im Sommer entfalten,
im Herbst ernten,
sich stärken im Winter.

Frühling

Die Chinesen nennen ihr Neujahrsfest, das zumeist auf den Februar-Neumond fällt, auch den »Frühlingspunkt«, da dies traditionell für sie der Zeitpunkt ist, wo das *Chi*, die Lebenskraft, aus den Tiefen der Erde wiedergeboren wird. Von da an wächst es weiter bis zum Zeitpunkt der Tagundnachtgleiche des Frühlings, wo sich das Yang (Tag) mit dem Yin (Nacht) in einem Zustand der Ausgeglichenheit befindet. Die zyklische Entwicklung von Yin und Yang ist die Grundlage jeglicher Entwicklung, und alle Lebewesen müssen sich dieser Veränderung anpassen, wenn sie ihre auf der Natur beruhende Lebensqualität bewahren bzw. verbessern möchten.

Der Frühling ist durch das Entstehen eines aufsteigenden, Wirbel erzeugenden Ostwindes gekennzeichnet. Dieser vertreibt durch seine Bewegung die Stockung des Winters und bläst allem Leben eine neue energetische Kraft ein.

Dieser Wind ruft als Widerhall im menschlichen Körper den energetischen Lebensatem wach, der die Leber anregt, ihren gesamten Stoffwechsel mit Energie auflädt und sich dann in der Klarheit der Augen zeigt. Sich seiner schwungvollen Kraft entgegenzustellen, würde bedeuten, die Wiederkehr der Energie verhindern zu wollen, die es ermöglicht, den Körper mit dem Frühling in Harmonie zu bringen. Seine übermäßige Dynamik oder ungeordnete Bewegung kann jedoch die Leber irritieren und ein Gefühl von Zorn aufkommen lassen, das wiederum der Funktion der Leber schadet und den Ausdruck der Augen entstellt.

Der Wechsel zur Milde des Frühlings verläuft alles andere als regelmäßig. Häufig werden wir von der Rückkehr der Kälte überrascht. Sie greift die bloßen Partien des Körpers an und hemmt den Energiefluß der Haut. Manchmal dringt sie durch die Ohren ein, was zu der unangenehmen Folge von Krämpfen der Gesichtsmuskeln führen kann, die sich als Zucken der Mundwinkel zeigen. Diese sogenannte »Gesichtslähmung« äußert sich auch in Form von Schwellungen sowie im zeitweiligen Verlust des Gehör- und Geschmackssinns. Als vorbeugende Methode wird geraten, jedesmal, nachdem man sich dem Wind ausgesetzt hat, das Gesicht, die Ohren und den Hals so lange zu massieren, bis sie wieder warm geworden sind, und dann den Körper mit lauwarmem Wasser abzuwaschen, um die Blutzirkulation anzuregen.

Sommer

Im Sommer atmet das »Große Yang« kraftvoll seine Energie aus, die sich in Form der Sonne und großer Wärme manifestiert. Es läßt tausend Wohlgerüche ins Universum ausströmen und lädt damit den Körper ein, sich auszudehnen und seine Öffnungen zu erweitern. Diese Körperöffnungen, wie Augen, Ohren und Nasenlöcher, sind die »Passagen« von Energie oder Materie.

Die Düfte der Pflanzen sind für den Menschen auch Faktoren der Heilung. Sie mildern seine Anspannung und vertreiben seinen Zorn, bringen seinem Herzen Freude und erwecken ein Glücksgefühl in ihm. Der Sommer ist ebenso die Jahreszeit, wo auch Körperausdünstungen des Menschen freiwerden müssen. Sie verlassen den Körper hauptsächlich durch die Poren der Haut, und daher es ist notwendig, darauf zu achten, daß diese nicht durch Fettablagerungen der Transpiration verstopft sind.

Wenn man sich nach einem heißen Tag beschwert fühlt, schenkt daher ein Bad am Abend Freude und Entspannung und ist auch gut für die Gesundheit. In der altchinesischen Badekunst war es äußerst beliebt, dem Badewasser eine Infusion aus Blüten, Blättern oder Früchten hinzuzufügen. Die dabei verwendeten Pflanzen werden nach ihrem Charakter von »Yin« oder »Yang« eingeteilt.

Ein sommerliches Bad, das mit Chrysanthemenblüten angereichert ist, führt durch seine Yin-Eigenschaften zu einer Empfindung von erfrischender Kühle. Für die Herstellung der Infusion übergießt man 400 Gramm Blüten oder getrocknete Blätter mit einem Liter kochenden Wassers, läßt sie bedeckt 15 Minuten ziehen, filtert sie durch und gibt den Aufguß in das Badewasser. Dies nimmt die Unreinheiten fort, mit denen die Poren durch den Tagesschweiß verstopft sind, und regt ganz besonders die Zirkulation von Chi im Lebermeridian an. Nach dem Bad wird man auch eine Belebung der Sehkraft feststellen können.

Im Falle von Verdauungsstötungen wird von einer Infusion mit Chrysanthemenblüten abgeraten und statt dessen empfohlen, dem Bad Essenzen mit Yang-Charakter hinzuzufügen. Dadurch werden die Organe erwärmt, und der Blutkreislauf wird angeregt. Auch ein Fußbad mit einem Aufguß aus Melonen hat eine günstige Wirkung auf den gesamten Blutkreislauf und macht den Kopf von Blutandrang (z. B. bei Migräne) frei.

Zu jeder Jahreszeit, und ohne irgendeine Kontraindikation, kann man ein Bad mit einem Zusatz von Heublüten nehmen, die für ihre beruhigende Wirkung bekannt sind. Ein Bad, das mit einer Infusion aus Walnußblättern angereichert wird, hat eine hyperthermische Wirkung und wirkt heilend bei Hautkrankheiten,

Furunkulosen und fiebrigen Zuständen. Ein Bad, dem die Essenz von Meeresalgen hinzugefügt wird, wirkt tonisierend und reinigt von Giften. Will man sich einfach nur entspannen und soll die Haut weich und geschmeidig werden, wird ein Bad empfohlen, das mit Orangenblüten- und Lavendelöl angereichert ist und dessen Wassertemperatur höchstens 38 ° betragen darf.

Herbst

Wenn sich der Herbst nähert, hat alles Leben und Wachstum den Höhepunkt seiner Reife überschritten und gelangt nun ans Ende seiner Entfaltung. Von nun an ist es angemessen, mit den Ressourcen an Energie sparsam umzugehen, damit man den wechselhaften Herbstwinden, die überraschend aufkommen können, besser widerstehen kann. Es ist auch notwendig, sich während des Herbstes in harmonischer Weise auf den Beginn des Winters einstellen zu können. Man sollte sich nicht von dem Gefühl des Welkens und der Traurigkeit bezwingen lassen, das der Herbst um sich verbreitet, sondern sich einen heiteren Geist bewahren, um das Chi in den Lungen zu schützen, die in dieser Jahreszeit besonders empfindlich sind.

Es lassen sich drei verschiedene Phasen des Herbstes unterscheiden:

Zu Anfang des Herbstes, mit dem ersten Auftreten einer kühleren Witterung, ziehen sich die Poren der

Haut wieder zusammen und schließen damit im Innern des Körpers einen großen Teil der während des Sommers aufgenommenen Hitze ein. Dieser Temperaturunterschied zwischen dem Körper und seiner Umgebung ruft bei den Organen Reaktionen hervor, die Krankheit verursachen können. In einem solchen Falle empfiehlt die chinesische Medizin die Reharmonisierung durch *Xie*, »Ausscheidung«, damit die überschüssige Wärme wieder aus dem Körper eliminiert wird.

In der Mitte des Herbstes befindet sich der Energiefluß des Körpers und der Umgebung in Harmonie. Dies ist der geeignete Augenblick für das »Ernten im Herbst«. Die Ströme des Lebensatems gelangen ins Innere des Körpers, ebenso wie die Vögel bei der Abenddämmerung in ihr Nest zurückkehren.

Für das Ende des Herbstes gilt die Regel: »Es ist besser vorzubeugen, als zu heilen.« Daher ist es zweckmäßig, sich zu schützen und sich energetisch zu stärken, damit man besser auf den Beginn des Winters vorbereitet sein kann. In der traditionellen chinesischen Medizin wird dafür *Pu*, die »Stärkung« der Abwehrkräfte, empfohlen.

Sie können sich auch an einige einfache und wirksame Ratschläge halten, die Ihnen dabei helfen, Ihre Gesundheit während dieses Zeitraums auf harmonische Weise zu bewahren:

Gehen Sie früh zu Bett, und stehen Sie früh auf.

Üben Sie maßvolle körperliche Aktivitäten aus, und treiben Sie keinen anstrengenden oder riskanten Sport.

Ziehen Sie sich trotz des Temperaturrückgangs nicht zu warm an. Es ist ratsam, sich allmählich mehr zu bekleiden und sich nach und nach an die kühlere Witterung zu gewöhnen. Damit kann sich der Körper den klimatischen Verhältnissen auf eine Weise anpassen, daß sich das innere Universum im Gleichgewicht mit dem äußeren befindet.

Bleiben Sie heiter und gelassen, vermeiden Sie übermäßige Erregung und Sorgen. Der kalte Herbstwind schwächt die Lungen, die in dieser Phase besonders empfindlich sind. Düstere Gedanken, die durch den melancholischen Aspekt dieser Jahreszeit geweckt und verstärkt werden, lassen energetische Blockierungen im Innern des Körpers entstehen. Durch körperliche und geistige Ruhe wird es möglich, das Chi, den Lebensatem, ins Gleichgewicht zu bringen, die Lungenfunktion in einem guten Zustand zu halten und allgemein die Widerstandskraft der Lungen zu stärken.

Seien Sie maßvoll in Ihrer Ernährung. Ganz besonders gilt dies für den Konsum von Tabak und Alkohol.

Rauhreif

In diesem Zeitraum, wenn der Herbst sich seinem Ende nähert, verdunkeln sich die Tage in einer grauen Eintönigkeit von Regen, Nebel und Wind. Diese Atmosphäre, die für künstlerische und literarische Werke sehr inspirierend sein kann, da sich Nostalgie und Traurigkeit unter der Feder oder dem Pinsel des

Künstlers wie von Zauberhand verklären, ist unter dem Blickwinkel der Gesundheit anders zu sehen.

Solche pessimistischen Empfindungen sind schädlich für uns. Dies erklärt sich aus der Verbindung, die zwischen dem Klima, der körperlichen Gesundheit und der geistigen Verfassung besteht: Das Kleinhirn bringt eine Substanz hervor, die sich günstig auf den Schlaf auswirkt, uns jedoch auch in einen depressiven Zustand führen kann. Wenn wir in einer sonnigen Umgebung leben, reduziert sich diese Produktion, während sie bei trübem und regnerischem Wetter zunimmt. Diese Substanz hat auch eine Funktion für den ganzen Körper, da sie die Aktivität der Schilddrüse und der Nebennieren reguliert. Durch eine reichliche Sekretion wird ihre Wirkungsweise verlangsamt, was wiederum eine Verlangsamung der Zellproduktion zur Folge hat. In diesem Stadium der Trägheit gelangt der Mensch in einen depressiven Zustand.

Gleichbleibende gute Laune zu behalten und die entsprechenden Übungen auszuführen hilft uns dabei, diese Jahreszeit in besserer Verfassung zu verbringen.

Winter

Der Winter ist eine Jahreszeit des Rückzugs und der Regeneration, wie es uns die wilden Tiere und die Bäume zeigen. Für diejenigen, die es zu schätzen wissen, hat jede Jahreszeit ihren eigenen Reiz – auch wenn die Unannehmlichkeiten des Winters seine Vorzüge zu übertreffen scheinen.

In dieser kalten Jahreszeit muß man besonders auf eine gute Blutzirkulation in den unbedeckten Körperteilen, wie Hände, Gesicht und Ohren, achten, damit es dort nicht durch mangelnde Durchblutung zu Hautrissen, geplatzten Äderchen oder sogar Frostbeulen kommt.

Im Winter können die im nächsten Kapitel näher beschriebenen Mangelzustände des Körpers besonders auftreten, da sich die Energien der Natur zurückziehen. Auf eine Schwäche an Yin, Yang, Blut oder Chi läßt sich sehr gut über die Ernährung regulierend einwirken. Durch die Kräftigung des Körpers verbessert man seine Gesundheit und kann sich in dieser Verfassung auch besser auf den nächsten Frühling einstellen. Nichts hindert Sie in dieser Zeit daran, in vernünftiger Weise Tafelfreuden zu genießen.

Für die Eßkultur im Winter gelten die folgenden allgemeinen Empfehlungen:

Essen Sie langsam.

Nehmen Sie Nahrungsmittel zu sich, die leicht verdaulich, weich gekocht oder gut durchgebraten sind.

Essen Sie weder zu heiße noch eiskalte Speisen.

Verwenden Sie Gewürze und Salz äußerst sparsam.

Vermeiden Sie sehr fette Speisen.

Von kalten Speisen, vor allem aber von Rohkost wird in dieser Jahreszeit abgeraten, da sie chronischen Durchfall verursachen können. Nahrungsmittel, die reich an Vitamin D sind, beispielsweise Auberginen, verbessern die Elastizität der Blutgefäße und senken das Risiko für Arteriosklerose. Rüben haben eine günstige Wirkung auf die Verdauung von Kohlehydraten, reinigen das Blut und lindern sogar den Husten.

Durch die verminderte Möglichkeit zur Aktivität besteht im Winter die Gefahr, daß chronische Krankheiten wieder auftauchen und daß sich allgemein der Alterungsprozeß beschleunigt. Es ist daher äußerst wichtig, einen gewissen Rhythmus von Aktivitäten aufrechtzuerhalten, Spaziergänge zu machen, Gymnastik zu treiben und dazu überzugehen, im Freien ganz tief und langsam zu atmen. Auch einige geeignete Selbstmassagen können den Energiefluß verbessern helfen, doch am wichtigsten ist es, sich gute Laune und Optimismus zu bewahren.

Die Stärkung der vier Mangelzustände

Die traditionelle chinesische Medizin arbeitet mit zwei großen Unterteilungen für die Entstehung von körperlichen Schwäche- und Krankheitszuständen: Umweltfaktoren und innere Ursachen. Für die erste Gruppe werden sechs äußere Ursachen unterschieden: Wind, Kälte, Hitze, Feuchtigkeit, Trockenheit und sehr große Hitze. Die inneren körperbedingten Ursachen lassen sich wie folgt zusammenfassen:

Mangel an Yin
Mangel an Yang
Mangel an Blut
Mangel an Chi

Mangel an Yin

Die Yin-Energie herrscht über die Elemente, aus denen sich der Körper zusammensetzt: Fleisch, Blut, Körperflüssigkeit, Samen usw. Ein Mensch, dem es an Yin-Energie mangelt, wird gekennzeichnet durch einen mageren Körper, dunkle Gesichtsfarbe, trockene

Kehle, heiße Handflächen, einen schwachen und beschleunigten Puls, gelblichen Urin und häufige Verstopfung. Vom Temperament her ist er leicht aufbrausend.

Nach der Beschreibung der chinesischen Medizin ist hier das Element Feuer im Übermaß vorhanden und schwächt das Yin. Das beste Heilmittel besteht darin, das Herz (Feuer) zu besänftigen und die Nieren (Wasser) zu stärken. Zu diesem Zweck wird zu Übungen geraten, die der inneren Sammlung und Ausgeglichenheit dienen, damit die Ströme der Lebensenergie wieder klar fließen können und der Geist ruhig bleibt. Für das Alltagsleben wird empfohlen, jegliche unnötigen Reize sowie sportliche Wettkämpfe zu vermeiden, die das Ego übermäßig erregen. Es ist wichtig, heitere Ruhe zu bewahren und sich um Sanftmut zu bemühen, damit die Yin-Energie genährt wird. Die Nieren und die Leber können durch leichte Übungen angeregt werden.

Der Winter ist eine günstige Jahreszeit dafür, die Yin-Energie durch eine geeignete Ernährungsdiät zu stärken. Man sollte viel Fisch, Algen, grünes Gemüse, Milchprodukte, Honig, Soja und Sesam essen. Zu meiden sind dagegen scharfe Gewürze, Zwiebeln, Lauch und Knoblauch sowie Stärkungsmittel wie Ginseng.

Mangel an Yang

Der Energiemangel an Yang zeigt sich am Körper im allgemeinen in Form von Zellulitis, weißlicher Haut, geräuschvoller Atmung, feuchten Handflächen, langsamem und schwachem Puls, häufigem Urinieren und der Ausscheidung von Körpersalzen. Dieser Typus neigt vom Temperament her zu Trägheit, Pessimismus und Furchtsamkeit. Er hockt gern hinterm Ofen und paßt sich nur schwer einer Veränderung des Klimas oder der Umgebung an.

Die Yang-Energie wird dadurch gestärkt, daß man in Kontakt mit der Sonne lebt. Durch ein tägliches Sonnenbad von 15 bis 20 Minuten wird der Allgemeinzustand verbessert. Es wird auch empfohlen, Sport zu treiben und sich um eine größere Lebendigkeit im Verhalten zu bemühen. Was die Ernährung betrifft, so ist Fleisch, vor allem vom Lamm und Wild, sowie Geflügel reich an Yang. Als besonders geeignetes Stärkungsmittel gilt der Ginseng.

Mangel an Blut

Für diejenigen, die unter einem »Mangel an Blut« leiden, ist der Winter eine besonders schwierige Jahreszeit. Diese Schwäche tritt häufiger bei Frauen auf und kann, wenn sie nicht angeboren ist, auch mit dem Blutverlust bei der Menstruation und bei Geburten zusammenhängen. Die Betreffenden haben allgemein einen

Mangel an Vitalität, sind sehr kälteempfindlich und frieren schnell; in den Extremitäten kribbelt es, Hände und Füße schlafen aufgrund von mangelnder Durchblutung leicht ein. Sie leiden unter Schlaflosigkeit, haben Gedächtnisstörungen und Sehprobleme. Ihre Gesichtsfarbe ist bleich, und ihre Lippen sind blutleer. Manche können sogar unter Herzschwäche leiden.

Dieser Energiemangel kann auch bei allen Personen auftreten, durch deren Tätigkeiten besonders die Augen beansprucht werden. So heißt es in der chinesischen Medizin: »Der übermäßige Gebrauch der Sehfunktion verbraucht das Blut und schwächt die Leber.« Es ist daher äußerst wichtig, sich während der Arbeitsphasen kurze Pausen zu gönnen, damit sich die Augen entspannen können. Dies trägt auch zu einer schnelleren Blutzirkulation bei und verbessert die Leberfunktion.

Es wird zu einer Ernährung geraten, die reich an Eisen ist, vor allem zu magerem Fleisch, Milchprodukten, viel Eiweiß, Spinat, Roten Beten, Rohrzucker und Ingwer.

Mangel an Chi

Gesundheitliche Probleme, die durch einen Mangel an Chi oder »Lebensatem« verursacht werden, treten häufiger bei Männern als bei Frauen auf. Meistens betrifft dies den Mann mittleren Alters, der in einem intensiven Arbeitsrhythmus und in voller Aktivität steht und dabei nicht ohne Stolz die kleinen körperlichen Alltagsbeschwerden vernachlässigt. Damit riskiert er, wenn er nicht aufpaßt, daß sich chronischere Beschwerden einnisten; diese müssen zwar nicht sofort zu ernstlichen Problemen führen, sollten jedoch im Auge behalten werden, damit sie auch später »ein glückliches langes Leben« ermöglichen.

Der Ausdruck »Mangel an Atem«, den die traditionelle chinesische Medizin verwendet, beschreibt einen »Mangel an energetischen Fähigkeiten«. Und in der Tat: Wenn Chi nicht ausreichend im Körper vorhanden ist, wirkt der Mensch schmächtig; er ist schüchtern und hat keine Stimmkraft. Im gegenteiligen Fall handelt es sich um einen Menschen »mit langem Atem und kräftigen Nieren«, der körperliche und geistige Spannkraft besitzt.

Zur Heilung einer solchen Vitalschwäche versucht man, die Nieren zu stärken und das Chi zu erhöhen. Es gibt geeignete Übungen mit anregender Wirkung. Währenddessen ist im Alltagsleben auf eine lebhafte Bewegung und Gestik zu achten, damit sich die Zirkulation von Chi verbessert. Man sollte häufig die Arme hochheben und dabei einatmen, um dem Körper, vor allem den Schultern und Rippen, das Gefühl einer weiten Öffnung zu vermitteln. Zur Aktivierung des Chi in den Lungen ist es auch gut, die Ellbogen nach oben zu ziehen.

Zur Anregung der Nieren wird empfohlen, mit den Hüften und dem Steißbein – selbst im Sitzen – kreisende Bewegungen auszuführen. Eine ebenso einfache

Übung, die für die Nieren wie den Allgemeinzustand sehr nützlich ist, besteht darin, rückwärts zu gehen. Auf diese Weise wird man mit der Situation eines ungewohnten Gleichgewichts konfrontiert, das zu größerer Konzentration verpflichtet, um die für die Bewegung nötige Sicherheit zu finden. Der Gebrauch der Muskeln und Gelenke in einer ungewohnten Art und Weise erfordert eine bewußte Aktivität der Zehen, der Fersen, der Fußknöchel, der Knie, des Steißbeins, der Hüften und der gesamten Wirbelsäule. Traditionell wird diese Übung auch dafür verwendet, um Schmerzen, die durch einen Hexenschuß verursacht wurden, zu lindern. Desgleichen kann sie auch als ein Mittel betrachtet werden, durch das der Geist von seinen tagtäglichen Gedanken und Beschäftigungen abgelenkt werden und vorübergehend zur Ruhe kommen kann, wodurch sich ein körperliches Gleichgewicht schneller erlangen läßt.

Zur Stärkung von Chi wird zu einer Ernährung geraten, die Geflügel (Huhn und Gans), Fisch (Forelle und Karpfen) und Knollengemüse (wie Rübe, Ingwer und Kürbis) einschließt.

Die Übungen am Morgen

24 Atem- und Bewegungsübungen im Wechsel der Jahreszeiten

I Frühlings-Tagundnachtgleiche
(21.3. - 4.4.)

Diese Übung trägt dazu bei, die energetischen Störungen in den Meridianen, die durch die Brust, die Schultern und den Rücken laufen, zu beheben. Sie lindert Schwellungen der Nase, Juckreiz, Ohrensausen und Rückenschmerzen.

Sie sitzen in aufrechter Körperhaltung im Schneidersitz. Ihr Geist ist ruhig, und Sie atmen leicht ein und aus.

Winkeln Sie nun das linke Bein an, und strecken Sie das rechte Bein aus.

Strecken Sie die Arme, parallel zum Boden, nach vorn.

Drehen Sie den Kopf nach rechts und blicken Sie nach hinten, ohne den Oberkörper dabei zu bewegen.

Drehen Sie den Kopf wieder nach vorn, und führen Sie dieselbe Bewegung zur linken Seite aus.

Atmen Sie ein, wenn Sie den Kopf nach hinten wenden, und atmen Sie aus, wenn er wieder nach vorn gedreht wird.

Wiederholen Sie diese Übung siebenmal, wobei Sie jeweils die Beinstellung umkehren und von neuem beginnen.

Bleiben Sie noch eine Weile ruhig sitzen. Richten Sie Ihre Augen auf etwas Schönes und lächeln Sie nach innen, bevor Sie Ihre Alltagsaktivitäten aufnehmen.

II Reine Klarheit
(5.4. - 19.4.)

Diese Übung trägt dazu bei, energetische Störungen im Lendenbereich, in Nieren und Darm zu beheben. Sie hat eine entspannende Wirkung auf Verkrampfungen des Zwerchfells und regt die Energie der Gliedmaßen an.

Sie sitzen in aufrechter Körperhaltung im Schneidersitz. Ihr Geist ist ruhig, und Sie atmen leicht ein und aus.

Entspannen Sie den Rücken, die Schultern, die Achseln und den Hüftbereich.

Heben Sie die Arme seitlich in eine waagerechte Haltung.

Winkeln Sie den rechten Arm an.

Führen Sie nun mit Ihren beiden Händen eine Bewegung wie beim Bogenschießen aus.

Stellen Sie sich vor, daß der Bogen mit der rechten Hand sehr schwer zu spannen ist und daß sich die Zielscheibe links von Ihnen befindet.

Schießen Sie dann den imaginären Bogen ab.

Führen Sie dann dieselbe Bewegung zur rechten Seite hin aus.

Atmen Sie ein, während Sie den Bogen anspannen, und atmen Sie aus, wenn Sie den Pfeil abschießen.

Wiederholen Sie diese Übung siebenmal.

Bleiben Sie noch eine Weile ruhig sitzen. Richten Sie Ihre Augen auf etwas Schönes und lächeln Sie nach innen, bevor Sie Ihre Alltagsaktivitäten aufnehmen.

III Regen für das Korn
(20.4. - 5.5.)

Diese Übung mildert die Gelbfärbung der Augen, Nasenbluten, Gesichtsschwellungen und eine zu große Wärme der Hände. Sie wirkt auf energetische Störungen ein, die eine Blutstauung in Milz und Magen verstärken.

Sie sitzen in aufrechter Körperhaltung im Schneidersitz. Ihr Geist ist ruhig, und Sie atmen leicht ein und aus.

Die rechte Hand drückt nach oben zum Himmel, während die linke Hand Ihre rechte Brust massiert.

Wechseln Sie dann die Seite und kehren Sie die Rolle der Hände um.

Atmen Sie ein, wenn Sie Ihre Hand in die Höhe heben, und atmen Sie aus, wenn sie wieder nach unten zurückgeführt wird.

Wiederholen Sie diese Übung siebenmal.

Bleiben Sie noch eine Weile ruhig sitzen. Richten Sie Ihre Augen auf etwas Schönes und lächeln Sie nach innen, bevor Sie Ihre Alltagsaktivitäten aufnehmen.

IV Der Sommerpunkt
(6.5. - 20.5.)

Diese Übung trägt dazu bei, energetische Störungen zu beheben, die auf Wind und Feuchtigkeit zurückzuführen sind und Schmerzen in den Meridianbahnen zur Folge haben. Sie fördert die Entspannung bei einer Kontraktion der Arme und Ellbogen und mildert übermäßige Transpiration der Hände und Achselhöhlen. Sie wirkt auch mäßigend auf die »hysterische Freude«, die für das Herz schädlich ist.

Sie sitzen in aufrechter Haltung mit fast geschlossenen Augen. Ihr Geist ist ruhig, und Sie atmen leicht ein und aus.

Winkeln Sie das linke Bein an, wobei Sie den Fuß flach auf den Boden setzen; das Knie ist dabei aufgerichtet.

Beim rechten Bein wird das Knie gebeugt und ruht auf dem Boden, wobei die Ferse vor dem Schritt liegt.

Die Finger beider Hände werden verschränkt und umfassen das linke Knie.

Atmen Sie ein und ziehen Sie dabei das Knie zum Körper hin. Wenn Sie ausatmen, entspannen Sie den Körper wieder.

Wiederholen Sie diese Übung siebenmal.

Wechseln Sie dann das Bein, und führen Sie dieselbe Übung siebenmal mit dem rechten Knie aus.

Bleiben Sie danach noch eine Weile ruhig sitzen. Richten Sie Ihre Augen auf etwas Schönes und lächeln Sie nach innen, bevor Sie Ihre Alltagsaktivitäten aufnehmen.

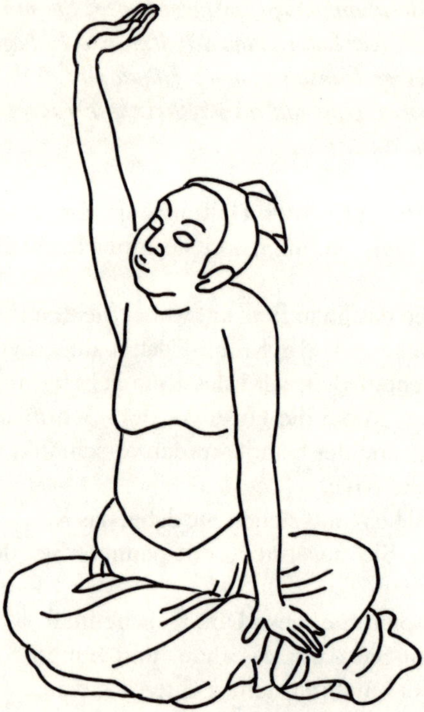

V Kleine Fülle
(21.5. - 3.6.)

Diese Übung wirkt unterstützend dabei, Beschwerden durch die fehlgeleitete Energie der inneren Organe und übermäßige Wärme in den Händen zu beheben. Ferner werden Schmerzen im Zwerchfell und das Gefühl von Erstickung in der Brust beseitigt sowie im Bereich unter den Rippen, dem Hypochondrium, das zur depressiven Verstimmung des sprichwörtlichen »Hypochonders« führen kann.

Sie sitzen in aufrechter Körperhaltung im Schneidersitz. Ihr Geist ist ruhig, und Sie atmen leicht ein und aus.

Ihre linke Hand drückt nach unten gegen den Boden, während Ihre rechte Hand nach oben in die Luft stößt.

Kehren Sie dann die Bewegung um, so daß die rechte Hand zur Erde und die linke Hand zum Himmel weist.

Wiederholen Sie diese Übung siebenmal.

Bleiben Sie noch eine Weile ruhig sitzen. Richten Sie Ihre Augen auf etwas Schönes, und lächeln Sie nach innen, bevor Sie Ihre Alltagsaktivitäten aufnehmen.

VI Große Fülle
(4.6. - 20.6.)

Diese Übung regt den Energiefluß im Lendenbereich und in den Nieren an. Sie lindert Schmerzen im Solarplexus und in den Rippen und wirkt außerdem beruhigend auf das Gefühl von Trockenheit in den oberen Luftwegen, das Hustenreiz auslöst.

Stellen Sie sich aufrecht hin, und lassen Sie die Arme ganz natürlich entlang des Körpers herunterhängen. Der Geist ist ruhig, und Sie atmen leicht ein und aus.

Heben Sie dann die Arme senkrecht nach vorn, wobei die Handgelenke nach unten abgewinkelt sind und die Handflächen sich langsam vorwärts schieben.

Biegen Sie dann den Körper nach hinten, während Ihre Hände gleichzeitig nach oben zum Himmel hin stoßen.

Stellen Sie sich wieder gerade hin und entspannen Sie sich.

Führen Sie nun die Hände auseinander zu den Seiten, so daß Arme und Hände eine waagerechte Linie mit den Schultern bilden, und lassen Sie dann die Arme entlang des Körpers heruntersinken.

Atmen Sie ein, während Sie Ihre Hände nach vorn und nach oben stoßen, und atmen Sie aus, wenn Sie die Hände wieder zur Seite auseinanderführen.

Wiederholen Sie diese Übung siebenmal.

Richten Sie Ihre Augen auf etwas Schönes und lächeln Sie nach innen, bevor Sie Ihre Alltagsaktivitäten aufnehmen.

VII Sommersonnwende
(21.6. - 6.7.)

Diese Übung trägt dazu bei, die energetischen Störungen zu beheben, die Schmerzen im Rücken, in den Armen, in den Handgelenken und den Knien sowie das Gefühl von Schwere in den Gliedmaßen hervorrufen.

Setzen Sie sich hin, und strecken Sie Ihre Beine auf natürliche Weise nach vorn aus. Der Geist ist ruhig, und Sie atmen leicht ein und aus.

Winkeln Sie das rechte Knie zur Brust hin an. Beide Hände, deren Finger ineinander verschlungen sind, umfassen dabei die Fußsohle.

Drücken Sie dann mit der rechten Ferse nach vorn, ohne den Griff der Hände zu lockern.

Wechseln Sie den Fuß, und machen Sie dieselbe Bewegung noch einmal mit dem linken Bein.

Atmen Sie ein, während Sie das Knie nach vorn drücken, und atmen Sie aus, wenn Sie es wieder entspannen.

Wiederholen Sie diese Übung siebenmal.

Bleiben Sie noch eine Weile ruhig sitzen. Richten Sie Ihre Augen auf etwas Schönes und lächeln Sie nach innen, bevor Sie Ihre Alltagsaktivitäten aufnehmen.

VIII **Kleine Hitze**
(7.7. - 21.7.)

Diese Übung trägt dazu bei, energetische Störungen in den Beinen und im Lendenbereich zu beheben. Sie bringt Erleichterung bei einem Gefühl von Fülle in den Lungen und Trockenheit in den oberen Luftwegen, bei Asthma, Schmerzen in den Schultern und im Unterbauch sowie bei einem Gefühl von Schwere in den Gliedmaßen.

Setzen Sie sich auf Ihre linke Ferse, und strecken Sie das rechte Bein nach vorn aus. Der Geist ist ruhig, und Sie atmen leicht ein und aus.

Stützen Sie sich mit beiden Händen nach hinten auf den Boden, und strecken Sie den rechten Fuß soweit wie möglich nach vorn aus.

Entspannen Sie sich, verändern Sie die Beinstellung, und machen Sie die gleiche Bewegung noch einmal mit dem linken Fuß.

Atmen Sie ein, während Sie das Bein ausstrecken, und atmen Sie aus, wenn Sie es wieder zurückziehen.

Wiederholen Sie diese Übung siebenmal.

Bleiben Sie noch eine Weile ruhig sitzen. Richten Sie Ihre Augen auf etwas Schönes und lächeln Sie nach innen, bevor Sie Ihre Alltagsaktivitäten aufnehmen.

IX **Große Hitze**
(22.7. - 7.8.)

Diese Übung wird dabei helfen, energetische Störungen im Kopf, im Hals, in der Brust oder im Rücken zu beheben. Sie hat auch eine günstige Wirkung auf den anormalen Anstieg von Chi, der sich in Asthma, leichter Reizbarkeit, Gleichgewichtsverlust, der Empfindung von Hitze oder Frösteln im ganzen Körper, eingeschlafenen Gliedmaßen sowie einer Neigung zu Angstgefühlen äußert.

Sie sitzen in aufrechter Körperhaltung im Schneidersitz. Der Geist ist ruhig, und Sie atmen leicht ein und aus.

Machen Sie Ihren Rücken rund, und ballen Sie Ihre Hände zu Fäusten, die den Boden vor Ihnen berühren.

Drehen Sie den Kopf nach links und dann nach hinten, wobei Sie die Augen weit öffnen - »wie der Tiger, der die Umgebung hinter sich prüfend in Augenschein nimmt«.

Entspannen Sie sich, und drehen Sie den Kopf wieder nach vorn.

Führen Sie dann die gleiche Bewegung zur rechten Seite aus.

Atmen Sie ein, während Sie den Kopf zur Seite und nach hinten wenden, und atmen Sie aus, wenn Sie ihn wieder nach vorn drehen.

Wiederholen Sie diese Übung siebenmal.

Bleiben Sie noch eine Weile ruhig sitzen. Richten Sie Ihre Augen auf etwas Schönes und lächeln Sie nach innen, bevor Sie Ihre Alltagsaktivitäten aufnehmen.

X Der Herbstpunkt
(8.8. - 22.8.)

Diese Übung mildert die Neigung zur Melancholie. Außerdem bringt sie Erleichterung bei Kopfweh und Rückenschmerzen und dämpft die Schweißbildung in den Achselhöhlen, die auf einen Mangel an Chi im Lendenbereich, in der Leber und in den Nieren zurückzuführen ist.

Sie hocken auf Ihren Fersen, die Knie ruhen auf dem Boden. Der Geist ist ruhig, und Sie atmen leicht ein und aus.

Stützen Sie Ihre Hände vor den Knien auf dem Boden auf.

Sinken Sie in sich zusammen, und ducken Sie sich soweit wie möglich zum Boden hin.

Entspannen Sie sich dann völlig, und lassen sie Ihren Körper ganz natürlich nach oben schnellen.

Atmen Sie ein, während Sie sich zusammenziehen, und atmen Sie aus, wenn Sie die Spannung loslassen.

Wiederholen Sie diese Übung siebenmal.

Bleiben Sie noch eine Weile ruhig auf Ihren Fersen hocken. Richten Sie Ihre Augen auf etwas Schönes und lächeln Sie nach innen, bevor Sie Ihre Alltagsaktivitäten aufnehmen.

XI Ende der Hitze
(23.8. - 7.9.)

Diese Übung lindert Schmerzen in Rücken und Brust, in den Waden und Fußknöcheln und wirkt beruhigend bei Husten und Asthma.

Sie sitzen in aufrechter Körperhaltung im Schneidersitz. Der Geist ist ruhig, und Sie atmen leicht ein und aus.

Ballen Sie Ihre Hände zu Fäusten, und legen Sie diese zu beiden Seiten Ihrer Wirbelsäule.

Führen Sie dann mit leichten Klopfbewegungen eine Massage entlang Ihres Rückens aus, und drehen Sie dabei den Kopf 35mal nach links und nach rechts.

Bleiben Sie noch eine Weile ruhig sitzen. Richten Sie Ihre Augen auf etwas Schönes und lächeln Sie nach innen, bevor Sie Ihre Alltagsaktivitäten aufnehmen.

XII **Weißer Tau**
(23.8. - 7.9.)

Diese Übung hat eine lindernde Wirkung bei Nasenbluten, halbseitiger Gesichtslähmung, Schwellungen und Entzündungen des Halses sowie bei plötzlichem Stimmverlust, der auf das Eindringen von fehlgeleiteter Energie des Windes und der Feuchtigkeit in die Rückenmeridiane zurückzuführen ist.

Sie sitzen in aufrechter Körperhaltung im Schneidersitz. Der Geist ist ruhig, und Sie atmen leicht ein und aus.

Legen Sie beide Hände auf Ihre Waden.

Drehen Sie Ihren Kopf langsam nach rechts und blicken Sie nach hinten.

Führen Sie dann dieselbe Kopfbewegung nach links aus.

Atmen Sie ein, wenn Sie den Kopf drehen, und atmen Sie aus, wenn Sie ihn wieder nach vorn wenden.

Wiederholen Sie diese Übung neunmal.

Bleiben Sie noch eine Weile ruhig sitzen. Richten Sie Ihre Augen auf etwas Schönes und lächeln Sie nach innen, bevor Sie Ihre Alltagsaktivitäten aufnehmen.

XIII Herbst-Tagundnachtgleiche
(23.9. - 8.10.)

Diese Übung wirkt sich sehr günstig darauf aus, Ödeme und Schwellungen der Brust, des Rückens und des Bauches allmählich verschwinden zu lassen. Außerdem hilft sie bei Schmerzen in den Beinen und Knien, an den Fußknöcheln und auf den Fußsohlen, bei Steifheit in den Oberschenkeln, Muskelverspannung in den Beinen und unwillkürlichem Harnlassen aufgrund eines Mangels an Chi.

Sie sitzen in aufrechter Haltung im Schneidersitz. Der Geist ist ruhig, und Sie atmen leicht ein und aus.

Legen Sie beide Hände an Ihre Ohren, so als wollten Sie den Gehörgang zustopfen.

Beschreiben Sie mit den Armen kreisende Bewegungen, und ziehen Sie die Ellbogen dabei soweit wie möglich in die Höhe und nach hinten.

Lassen Sie Ihren Blick der Bewegung der Ellbogen folgen. Schauen Sie dabei zuerst zur linken und dann zur rechten Seite.

Wiederholen Sie diese Übung drei Minuten lang.

Bleiben Sie noch eine Weile ruhig sitzen. Richten Sie Ihre Augen auf etwas Schönes und lächeln Sie nach innen, bevor Sie Ihre Alltagsaktivitäten aufnehmen.

XIV Kalter Tau
(9.10. - 23.10.)

Diese Übung lindert Rückenschmerzen, Nasenbluten und Augenentzündung. Sie wirkt auch beruhigend bei Migräne, Zittern der Gliedmaßen und nervösen Muskelzuckungen im Gesicht, die auf Kälte und Feuchtigkeit in den Energiemeridianen des Rippenbereichs zurückzuführen sind.

Sie sitzen in aufrechter Körperhaltung im Schneidersitz. Der Geist ist ruhig, und Sie atmen leicht ein und aus.

Strecken Sie Ihre Arme und Hände kraftvoll in die Höhe, bis Ihr ganzer Körper, der dabei nach oben gezogen wird, sich leicht hebt.

Spüren Sie, wie sich Ihre Gesäßbacken vom Boden lösen, so als würde man aus einer sitzenden Haltung heraus zum Sprung ansetzen.

Wiederholen Sie diese Bewegung fünfmal.

Bleiben Sie noch eine Weile ruhig sitzen. Richten Sie Ihre Augen auf etwas Schönes und lächeln Sie nach innen, bevor Sie Ihre Alltagsaktivitäten aufnehmen.

XV Die Ankunft des Rauhreifs
(24.10. - 7.11.)

Diese Übung regt den Energiefluß im unteren Teil des Körpers an. Sie mildert rheumatische Beschwerden in den Knien und im Beckenbereich, verbessert die Blasenfunktion und stärkt den Muskeltonus sowie die Spannkraft der Sehnen.

Sie sitzen mit ausgestreckten Beinen in aufrechter Körperhaltung. Der Geist ist ruhig, und Sie atmen leicht ein und aus.

Ergreifen Sie Ihre Füße, und ziehen Sie dann Ihr linkes Knie zu sich hin, während Sie gleichzeitig die rechte Ferse nach vorn schieben, ohne die Füße loszulassen.

Lockern Sie nun die Spannung, ziehen Sie Ihr rechtes Knie zu sich hin, und strecken Sie die linke Ferse aus.

Atmen Sie ein, während Sie die Ferse ausstrecken, und atmen Sie aus, wenn Sie das Knie anziehen.

Wiederholen Sie diese Übung siebenmal.

Bleiben Sie noch eine Weile ruhig sitzen. Richten Sie Ihre Augen auf etwas Schönes und lächeln Sie nach innen, bevor Sie Ihre Alltagsaktivitäten aufnehmen.

XVI **Der Winterpunkt**
(8.11. - 22.11.)

Diese Übung lindert Rückenschmerzen, bei denen die Schwierigkeit besteht, sich zu bücken. Außerdem hilft sie dabei, ein Gefühl von übermäßiger Fülle in der Brust und im Lendenbereich zu beseitigen.

Sie sitzen in aufrechter Körperhaltung im Schneidersitz. Der Geist ist ruhig, und Sie atmen leicht ein und aus.

Heben Sie die Arme in eine waagerechte Haltung hoch, wobei die Handrücken aneinandergelegt sind.

Wenden Sie den Kopf behutsam nach links und blicken Sie nach hinten.

Drehen Sie den Kopf dann nach rechts und blicken Sie wieder nach hinten.

Atmen Sie ein, wenn Sie den Kopf zur Seite bewegen, und atmen Sie aus, wenn Sie ihn wieder nach vorn wenden.

Wiederholen Sie diese Übung siebenmal.

Bleiben Sie noch eine Weile ruhig sitzen. Richten Sie Ihre Augen auf etwas Schönes und lächeln Sie nach innen, bevor Sie Ihre Alltagsaktivitäten aufnehmen.

XVII **Kleiner Schnee**
(23.11. - 5.12.)

Diese Übung läßt den Schweißgeruch in den Achselhöhlen verschwinden. Sie hilft bei Kraftlosigkeit in den Ellbogen, Krämpfen in den Beinen (Sehnen und Knochen) sowie bei Blähungen im Darm.

Sie sitzen in aufrechter Körperhaltung im Schneidersitz. Der Geist ist ruhig, und Sie atmen leicht ein und aus.

Ihre linke Hand ruht auf dem linken Knie, während Ihre rechte Hand den linken Ellbogen umfaßt hält; der Unterarm befindet sich in waagerechter Haltung.

Der rechte Arm versucht voller Kraft, den linken Ellbogen zu sich hinzuziehen; dieser widersetzt sich jedoch und zieht zur entgegengesetzten Seite.

Lockern Sie die Spannung, und führen Sie die gleiche Übung in umgekehrter Richtung aus.

Wiederholen Sie diese Bewegung siebenmal.

Bleiben Sie noch eine Weile ruhig sitzen. Richten Sie Ihre Augen auf etwas Schönes und lächeln Sie nach innen, bevor Sie Ihre Alltagsaktivitäten aufnehmen.

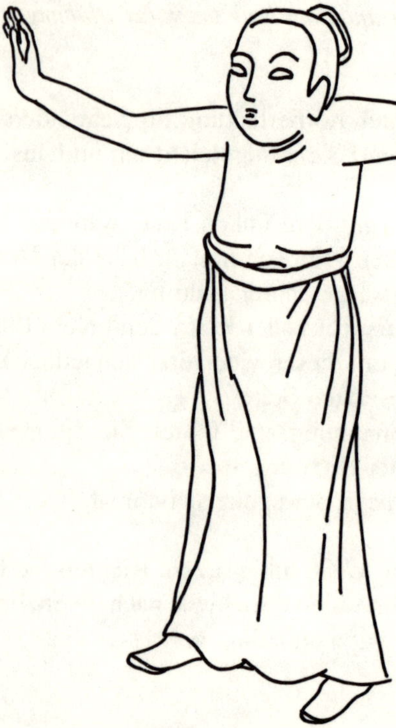

XVIII Großer Schnee
(6.12. - 20.12.)

Diese Übung regt den Energiefluß im gesamten Körper an. Sie hat einen heilenden Einfluß bei Halsentzündungen, Schmerzen im Zwerchfell, Husten in Verbindung mit Atemproblemen und bei Blutungen am After. Sie ist auch sehr wirksam für die Verbesserung der Sehkraft und die Erwärmung des ganzen Körpers.

Sie stehen in aufrechter Körperhaltung. Der Geist ist ruhig, und Sie atmen leicht ein und aus.

Heben Sie die Arme in eine waagerechte Stellung, und strecken Sie sie soweit wie möglich zu beiden Seiten hin aus.

Gehen Sie dann umher, und marschieren Sie dabei wie ein Soldat bei einer Parade: Ziehen Sie das Knie in die Höhe, und stampfen Sie, wenn Sie das Bein senken, mit dem Fuß auf dem Boden auf.

Führen Sie diese Übung drei Minuten lang aus.

Richten Sie Ihre Augen auf etwas Schönes und lächeln Sie nach innen, bevor Sie Ihre Alltagsaktivitäten aufnehmen.

XIX Wintersonnwende
(21.12. - 5.1.)

Diese Übung reguliert den Energiefluß von Chi in den Gliedmaßen. Sie beseitigt ferner Steifheit im Rücken und in den Schultern, verhindert, daß Hände und Füße kalt werden, und stärkt die Nierenenergie.

Sie sitzen in aufrechter Körperhaltung. Der Geist ist ruhig, und Sie atmen leicht ein und aus.

Strecken Sie beide Beine flach auf dem Boden aus.

Ballen Sie die Hände zu Fäusten, die auf den beiden Knien ruhen.

Üben Sie damit nach und nach einen immer stärkeren Druck auf die Knie aus, und lockern Sie dann die Spannung wieder.

Wiederholen Sie diese Übung fünfmal.

Bleiben Sie noch eine Weile ruhig sitzen. Richten Sie Ihre Augen auf etwas Schönes und lächeln Sie nach innen, bevor Sie Ihre Alltagsaktivitäten aufnehmen.

XX Kleine Kälte
(6.1. - 20.1.)

Diese Übung regt die Funktion der Verdauungsorgane an, die in der kalten Jahreszeit häufig verlangsamt ist, was zu Übelkeit, Magenschmerzen, Blähungen, Gliederschwere, Erschöpfung und Schläfrigkeit führt.

Sie sitzen in aufrechter Körperhaltung im Schneidersitz. Der Geist ist ruhig, und Sie atmen leicht ein und aus.

Die linke Hand ruht auf dem Fuß, während die rechte Hand nach oben zum Himmel drückt.

Der Kopf lehnt sich gegen die linke Schulter, und der Blick folgt der aufwärts gerichteten Bewegung der rechten Hand.

Recken Sie den Arm so weit wie möglich in die Höhe.

Wechseln Sie dann die Seite, und führen Sie dieselbe Bewegung mit der anderen Hand aus.

Wiederholen Sie diese Übung siebenmal.

Bleiben Sie noch eine Weile ruhig sitzen. Richten Sie Ihre Augen auf etwas Schönes und lächeln Sie nach innen, bevor Sie Ihre Alltagsaktivitäten aufnehmen.

XXI Große Kälte
(21.1. - 3.2.)

Diese Übung heilt von der Stauung des Chi in den Energiemeridianen, die allgemeine Körperschwäche, Anschwellen der Hüften, Knie und Füße beim Stehen, Rückenschmerzen und eine Verstopfung der Neun Körperöffnungen (als Durchlaß für Energie) verursacht.

Sie sitzen auf dem linken Bein, das angewinkelt unter dem Körper liegt. Ihr rechtes Bein ist nach vorn ausgestreckt. Der Geist ist ist ruhig, und Sie atmen leicht ein und aus.

Stützen Sie Ihre Hände hinter sich auf dem Boden auf.

Beugen Sie den Körper langsam rückwärts, und spannen Sie dabei die Muskeln der Arme und des rechten Beins an.

Lockern Sie die Spannung, und wiederholen Sie diese Bewegung fünfmal.

Atmen Sie ein, wenn Sie die Muskeln anspannen, und atmen Sie aus, wenn Sie wieder lockerlassen.

Wechseln Sie das Bein, und wiederholen Sie die Übung weitere fünf Male.

Bleiben Sie noch eine Weile ruhig sitzen. Richten Sie Ihre Augen auf etwas Schönes und lächeln Sie nach innen, bevor Sie Ihre Alltagsaktivitäten aufnehmen.

XXII Der Frühlingspunkt
(4.2. - 18.2.)

Diese Übung trägt dazu bei, die energetischen Störungen im Körper zu regulieren, die durch den Wind, ein Vorzeichen des Frühlings, hervorgerufen worden sind. Sie verbessert das Gleichgewicht in den Funktionen des unteren Bauchbereichs, die häufig die Ursache für Schmerzen im Rücken, in den Gelenken der oberen Gliedmaßen und im hinteren Ohrbereich sein können.

Sie sitzen in aufrechter Körperhaltung im Schneidersitz. Der Geist ist ruhig, und Sie atmen leicht ein und aus.

Legen Sie beide Hände auf dem rechten Oberschenkel übereinander.

Drehen Sie den Kopf zuerst zur linken und dann zur rechten Seite und blicken Sie so weit wie möglich nach hinten.

Atmen Sie ein, wenn sich der Kopf dreht, und atmen Sie aus, wenn er wieder in seine anfängliche Position zurückkehrt.

Wiederholen Sie diese Übung fünfmal.

Legen Sie Ihre Hände dann auf den linken Oberschenkel, und wiederholen Sie in dieser Stellung dieselbe Übung weitere fünf Male.

Bleiben Sie noch eine Weile ruhig sitzen. Richten Sie Ihre Augen auf etwas Schönes und lächeln Sie nach innen, bevor Sie Ihre Alltagsaktivitäten aufnehmen.

XXIII Regen
(19.2. - 5.3.)

Diese Übung trägt dazu bei, die energetischen Störungen im Dreifachen Erwärmer zu beheben, der die gesamte Körperenergie reguliert. Sie wirkt auch lindernd bei dem Gefühl von Trockenheit in den oberen Luftwegen, bei Halsentzündungen und bei Schluckauf durch Kälte im Magen.

Sie sitzen in aufrechter Körperhaltung im Schneidersitz. Der Geist ist ruhig, und Sie atmen leicht ein und aus.

Ihre rechte Hand ruht in der rechten Kniebeuge, während Ihre linke Hand auf dem rechten Handknöchel liegt.

Drehen Sie den Oberkörper und den Hals zuerst nach links und dann nach oben, um nach hinten zu blicken.

Drehen Sie sich als nächstes nach rechts und dann nach oben, um nach hinten zu blicken.

Atmen Sie ein, wenn Sie sich umwenden, und atmen Sie aus, wenn Sie den Körper wieder nach vorn drehen.

Wiederholen Sie diese Übung fünfmal.

Wechseln Sie dann die Handstellung: Legen Sie Ihre linke Hand in die linke Kniebeuge und Ihre rechte Hand auf den linken Handknöchel.

Drehen Sie den Oberkörper und den Hals zuerst nach rechts und dann nach oben, um nach hinten zu blicken, und führen Sie dann dieselbe Bewegung in der umgekehrten Richtung aus.

Wiederholen Sie auch diese Übung fünfmal.

Bleiben Sie noch eine Weile ruhig sitzen. Richten Sie Ihre Augen auf etwas Schönes und lächeln Sie nach innen, bevor Sie Ihre Alltagsaktivitäten aufnehmen.

XXIV Das Summen der Insekten
(6.3. - 20.3.)

Diese Übung trägt dazu bei, energetische Störungen in den Muskeln im Bereich der Lendenwirbel zu beheben. Sie hilft bei Trockenheit im Mund und Halsentzündung, Schwund des Zahnfleischs und dem Verlust des Geruchsinns.

Sitzen Sie in aufrechter Körperhaltung im Schneidersitz. Der Geist ist ruhig, und Sie atmen leicht ein und aus.

Die Hände sind leicht zu Fäusten geschlossen, der Daumen befindet sich im Inneren des Handballens.

Heben Sie Ihre Unterarme parallel zur Erde hoch.

Ziehen Sie die Ellbogen nach hinten an, und drehen Sie den Hals nach rechts, um nach hinten zu blicken, ohne den Oberkörper dabei zu bewegen.

Führen Sie dann dieselbe Bewegung zur linken Seite aus.

Atmen Sie ein, wenn Sie den Kopf zur Seite drehen, und atmen Sie aus, wenn Sie ihn nach vorn wenden.

Wiederholen Sie die Bewegung nach rechts und nach links insgesamt fünfmal.

Bleiben Sie noch eine Weile ruhig sitzen. Richten Sie Ihre Augen auf etwas Schönes und lächeln Sie nach innen, bevor Sie Ihre Alltagsaktivitäten aufnehmen.

Die Übung während des Tages

Finger- und Handmassage

In der Schönheit der Hände spiegelt sich sowohl die geistige Verfassung als auch der Gesundheitszustand des Menschen wider. Dies erklärt sich daraus, daß sie der Ausgangs- und Endpunkt von zahlreichen Meridianen sind, in denen der Energiefluß zirkuliert, der Organe wie die Lungen, Dünndarm und Dickdarm, das Herz und auch Funktionen wie den Meister des Herzens und den Dreifachen Erwärmer versorgt. Im allgemeinen wirken sich harmonische Gesten im alltäglichen Umgang und bei der Arbeit positiv auf unser gesamtes äußeres und inneres Gleichgewicht aus.

Im folgenden werden einige praktische Ratschläge gegeben, damit wir die Schönheit und Gesundheit unserer Hände als Gradmesser unserer Lebenskraft besser bewahren können.

Es ist gut, stets auf die Sauberkeit der Hände zu achten. Die Poren der Haut werden von Staub angegriffen und leicht verstopft. Alle Reinigungs- und Waschmittel sind Feinde für die Hände; bestimmte chemische Produkte lassen die Schutzschicht der Haut verschwinden und schädigen auch die Nägel.

Es ist daher ratsam, sich nach Hausarbeiten sehr gut die Hände zu waschen und sie mit etwas Creme oder Öl einzufetten. Sie können dabei massiert werden, wobei man an den Fingerspitzen beginnt und bis zu den Handknöcheln streicht, so als würde man sich Handschuhe überstreifen.

Die folgenden Anleitungen zur Finger- und Handmassage sind zur Erhaltung der Gesundheit und Schönheit unserer Hände bestimmt, doch werden sie sich auch positiv auf den ganzen Körper und sogar das seelisch-geistige Gleichgewicht auswirken.

Reiben Sie Ihre Hände vorher mit etwas Creme oder Öl ein, und verteilen Sie dies von den Fingerspitzen bis zu den Handknöcheln auf der Haut.

Massieren Sie mit sanfter, aber trotzdem fester Bewegung jeden Finger vom Nagelbett bis zum Handansatz, und legen Sie dabei besonderen Nachdruck auf die Gelenke. Halten Sie dann die Fingerspitze zwischen dem Daumen und dem Zeigefinger der anderen Hand fest und ziehen Sie mit einem plötzlichen Ruck daran, wobei Sie den Finger loslassen.

Ahmen Sie die Übungen eines Klavierspielers nach: Legen Sie beide Hände flach auf den Tisch, und stützen Sie sich leicht mit gespreizten Fingern auf. Heben Sie dann die Finger nacheinander so weit wie möglich in die Höhe, ohne die Handballen zu heben. Achten Sie darauf, daß die Arme und der ganze Körper dabei entspannt sind.

Die Meridiane der Hand

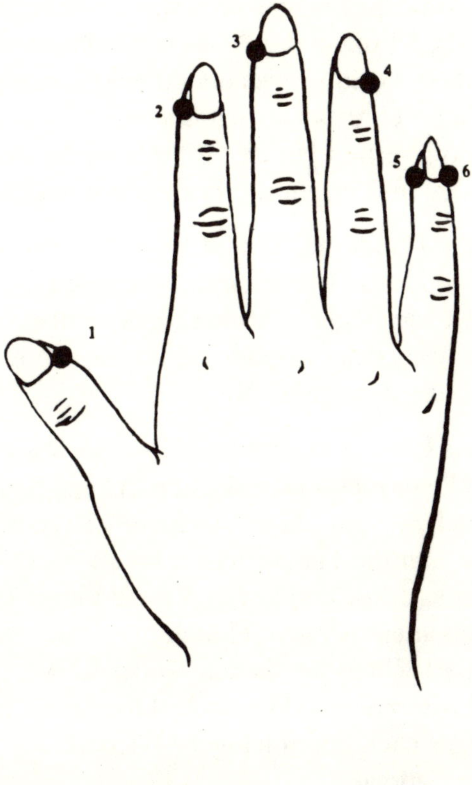

1 Lungen
2 Dickdarm
3 Meister des Herzens
4 Dreifacher Erwärmer
5 Herz
6 Dünndarm

Diese Übung trägt zur Lockerung der Finger bei und macht sie beweglicher.

Heben Sie die Hände über Ihren Kopf. Die Arme sind ausgestreckt, und die Finger sind gespreizt. Achten Sie darauf, daß die Muskeln des Körpers entspannt sind. Halten Sie diese Position zwei oder drei Minuten lang aufrecht, ohne sich dabei anzustrengen.

Diese Übung vermindert die Schwellung der Adern in den Händen und macht die Haut geschmeidiger.

Ballen Sie die Hände mit festem Druck zu Fäusten. Wenn Sie Ihre Hände wieder öffnen, spreizen Sie die Finger so weit wie möglich. Atmen Sie dreimal ein und aus, während Sie sich entspannen, und wiederholen Sie diese Übung dann fünfmal.

Heben Sie die Unterarme und die Hände hoch, so daß sie zu den Oberarmen einen rechten Winkel bilden; die Handflächen sind dabei nach außen gedreht. Lockern Sie nun die Handgelenke, so als wären die Hände völlig kraftlos, und lassen Sie die Finger ganz bequem nach unten hängen. Heben Sie dann wieder die Hände und achten Sie darauf, ob der Körper entspannt ist. Lassen Sie die Handgelenke erneut locker und die Finger nach unten hängen. Wiederholen Sie diese Übung fünfmal.

Reiben Sie zum Abschluß die Handflächen kräftig aneinander, so als würden Sie sich die Hände waschen, und streichen Sie dann mit der Wärme Ihrer Hände Ihr Gesicht und Ihren Nacken glatt.

Die Übung am Abend

Gesichtsmassage

Nach einem Tag voller Aktivität, und häufig auch geistiger Erschöpfung, sind die Haut und die Gesichtsmuskeln angespannt. Gesichtsmassagen wirken entspannend auf die Muskulatur, glätten die Haut und haben einen günstigen Einfluß auf die Nerven und einen guten Schlaf.

Massieren Sie, bevor Sie schlafen gehen, etwas Creme in die Gesichtshaut ein. Da sie den ganzen Tag über der Luft ausgesetzt war, ist sie zumeist an einigen Stellen ausgetrocknet, und außerdem sind die Hautporen durch Staub und Fett verstopft. Die äußere Schutzschicht der Haut ist sozusagen die »Vorhut« unseres Organismus gegen Umweltbelastungen und sollte daher gut gepflegt werden. Eine Gesichtsmassage wirkt auch der Faltenbildung entgegen.

Zur Vorbereitung auf die Massage legen Sie die Fingerspitzen der beiden Mittel- und Ringfinger aneinander, so daß sie sich ganz leicht berühren und gegenseitig etwa zwei Minuten massieren. Dadurch wird ihre Feinfühligkeit erhöht.

Stirnmassage

Der Gesichtsausdruck, beispielsweise die Stirn zu runzeln, wenn man über etwas nachdenkt, oder die Augenbrauen zu heben, um Erstaunen anzuzeigen, bildet auf Dauer Falten auf der Stirn.

Beginnen Sie die Massage in der Mitte zwischen den beiden Augenbrauen und streichen Sie mit den Fingern sanft bis zum Haaransatz nach oben. Benutzen Sie zunächst den Mittel- und Ringfinger der linken Hand; führen Sie diese Massage fünfmal aus, und wiederholen Sie danach dasselbe mit der rechten Hand. Streichen Sie dann mit beiden Händen vom Punkt zwischen den beiden Augenbrauen nach oben zum Haaransatz. Führen Sie schließlich die Hände in Richtung der Schläfen auseinander, und drücken Sie einmal leicht darauf.

Wiederholen Sie diese Übung insgesamt dreimal. Es ist wichtig, darauf zu achten, daß die Berührung leicht ist, denn ein zu starker Druck vermindert die Sensibilität der Haut, so daß die Massage an Wirksamkeit verliert.

Augenmassage

Massieren Sie die vier angegebenen Punkte im Augenbereich und den Nackenpunkt, und zwar auf beiden Seiten des Kopfes, gleichzeitig mit den jeweils genannten Fingern beider Hände.

(1) Drücken Sie mit dem Daumen den Punkt *Zanzhu*, »Abschnitt des Bambus«, der am Brauenansatz, dicht bei der Nase liegt. Der Druck muß am Anfang leicht sein und kann sich dann allmählich verstärken. Führen Sie diese Druckmassage während der Dauer von fünf Atemphasen durch: Atmen Sie ein, wenn Sie fester pressen, und atmen Sie aus, wenn Sie den Druck wieder schwächen.

(2) Drücken Sie mit dem Daumen den Punkt *Sizhukong*, »Leere der Seide und des Bambus«, der am äußeren Ende der Augenbrauen, an der Stelle einer leichten Vertiefung liegt. Gehen Sie genauso wie bei Schritt 1 vor.

(3) Drücken Sie mit dem Zeigefinger den Punkt *Chengqi*, »Auffanggefäß der Tränen«, der auf dem Backenknochen, direkt unter dem Auge liegt. Dieser Punkt befindet sich genau unter der Pupille, wenn der Blick nach unten gerichtet ist. Drücken Sie diesen Punkt fünf Minuten lang.

(4) Drücken Sie mit dem Zeigefinger den Punkt *Jingming*, »Licht der Augensterne«, der im inneren Augenwinkel neben der Nase liegt. Führen Sie diese Druckmassage für die Dauer von fünf Atemphasen durch.

(5) Drücken Sie mit dem Daumen den Punkt *Fengchi*, »Teich des Windes«, der zu beiden Seiten des Nackens am Hinterkopf in der Höhe des Haaransatzes liegt.

Massieren Sie danach in einer kreisförmigen Bewegung die Konturen der Augenhöhlen. Beginnen Sie innen bei der Nase, streichen Sie zu den Schläfen hoch, folgen Sie dabei dem Verlauf der Augenbrauen, und kehren Sie wieder zum Ausgangspunkt zurück. Wiederholen Sie dies fünfmal.

Reiben Sie abschließend Ihre Hände aneinander, bis sie gut durchgewärmt sind, und legen Sie die Handflächen auf die Augen, ohne daß diese von der Handmitte berührt werden. Stellen Sie sich dabei vor, daß Ihre Augäpfel von der Wärme Ihrer Hände erfüllt werden.

Nasenmassage

Beginnen Sie bei der Nasenwurzel, zwischen den Augen, und massieren Sie nach unten in Richtung der Nasenlöcher. Nehmen Sie zuerst die eine und dann die andere Hand, und wiederholen Sie dies sechsmal.

Massieren Sie dann mit beiden Mittelfingern die Mulden in den beiden Nasenflügeln, wo sich in der

Regel eine leichte Fettablagerung befindet, sechsmal mit etwas Druck in kreisender Bewegung.

Wiederholen Sie die ganze Übung insgesamt dreimal.

Lippenmassage

Legen Sie Ihre Hände zuerst auf beide Mundwinkel und schieben Sie diese ein wenig nach oben, so als würden Sie lächeln. Massieren Sie ganz leicht die Oberlippe, und folgen Sie dabei ihren Konturen bis zur Nasenfurche.

Wiederholen Sie diese Übung sechsmal. Drücken Sie dann mit den Fingerspitzen in Höhe des Zahnfleischs dreimal leicht auf Ober- und Unterkiefer.

Wangenmassage

Legen Sie die Finger beider Hände zu beiden Seiten des Kinns, und massieren Sie in kreisenden Bewegungen Ihre Wangen bis zu den Ohrläppchen hoch. Üben Sie dort dann einen leichten Druck aus.

Legen Sie die Finger auf Ihre Mundwinkel, und führen Sie mit kreisenden Bewegungen eine Massage bis zum Ohr in Höhe der Ohrmuschel aus. Drücken Sie dann einmal leicht auf diesen Punkt und verschließen Sie damit die Ohröffnung.

Legen Sie die Finger auf Ihre Nasenflügel, und massieren Sie von dort aus mit kreisenden Bewegungen die Wangen hoch bis zu den Schläfen. Drücken Sie einmal leicht auf diese Stelle.

Wiederholen Sie diese Übungen insgesamt dreimal.

Kämmen Sie sich dann die Haare, und massieren Sie die Kopfhaut: Schließen Sie die Hände leicht, und verwenden Sie für die Massage die Nagelflächen. Lassen Sie dann Ihre Finger, angefangen beim Haaransatz über der Stirn und bis zum Nacken, durch Ihr Haar gleiten.

Wiederholen Sie diese Bewegung abwechselnd sechsmal mit jeder Hand.

Es ist ratsam, sofort nach diesen Massageübungen ins Bett zu gehen, damit nicht von neuem störende Gedanken Eingang in unseren Geist finden können.

Laß den Geist in den natürlichen Zustand
zurückkehren.
Vergiß die Belanglosigkeiten, erinnere dich
an das Wesentliche.
Dehne unaufhörlich deine Begrenzungen aus.
Handele vollkommen.
Entspanne dich vollkommen.
Werde zur Handlung. Sei Ruhe.
Sei offen. Sei klar.
Halte den Geist beweglich.
Bleibe eins mit der Drehung
des Rollenden Spiegels.

Farben als besondere Kanäle für psychische Energie senden Schwingungen und Lichtimpulse aus, die in Verbindung mit Wahrnehmungs- und Bewußtseinsübungen unsere inneren Heilkräfte erwecken und Spannungen auf der Ebene von Körper, Seele und Geist lösen.

Damit wird die Harmonie der Sieben Strahlen des Regenbogens in uns wiederhergestellt.

Durch die hier vorgeschlagenen kreativen Übungsvorschläge, die von einfachen Atem- und Entspannungstechniken über Anleitungen zum Visualisieren bis zu tiefen Meditationsübungen aus der tibetisch-tantrischen Tradition reichen, erschließt sich uns eine ganz neue Welt der Selbsterfahrung.

Clarissa Ray
Mit Farben meditieren
120 Seiten, Broschur
ISBN 3-925828-28-1

Der menschliche Organismus funktioniert durch ein harmonisches Zusammenspiel der Fünf Kosmischen Grundelemente Erde, Wasser, Feuer, Luft und Äther.

In diesem Buch wird der Versuch einer Integration von überlieferten Heilweisen aus dem Grenzbereich zwischen Ayurveda, Tantra und Yoga mit modernen sanften Therapien unternommen, um die Methode der *Pentharmonie* zu entwickeln: die Erkennung, Behandlung und Heilung von Unausgewogenheiten der Fünf Elemente und energetischen Mangelzuständen in den feinstofflichen Zentren des Körpers.

Gérard Edde
Das Heilbuch der Fünf Elemente
160 Seiten mit Abbildungen
Broschur
ISBN 3-925828-31-1

Für die Heilkunst des Tantra und Ayurveda äußert sich jede gesundheitliche Störung oder Krankheit im Energiekörper des Menschen, weshalb sie auch mit energetischen Methoden arbeitet.

Im Mittelpunkt dieser Therapie stehen die *Chakras* oder feinstofflichen Energiezentren im Körper, die durch Über- oder Unterfunktion entscheidend an unserem körperlich-seelischen Gleichgewicht beteiligt sind. Der therapeutische Ansatz beruht im wesentlichen auf einem Verständnis der *Fünf Kosmischen Grundelemente* und den daraus abgeleiteten Heilmitteln, die eine Ausgewogenheit der Fünf Elemente und damit eine harmonische Funktionsweise und Verbindung aller Chakras herstellen.

Gérard Edde
Chakras und Heilung
160 Seiten mit Abbildungen
Broschur
ISBN 3-925828-30-3

,,In dir lebt das Kind, das du nicht sein durftest.''

Dieses Buch ist eine Einladung, dorthin zurückzukehren, wo in unserer Kindheit potentielle Fähigkeiten unterdrückt und positive Gefühle verdrängt wurden.

Durch die Arbeit mit dem ,,inneren Kind'', durch Fantasiereisen und energetische Körperübungen wird ein Heilprozeß auf der körperlichen, der bewußten und der unbewußten Ebene eingeleitet, der psychische Fesseln löst und die Lebensenergie wieder freier fließen läßt.

Ursula Craemer
Auf der Suche nach der verlorenen Kindheit
120 Seiten, Broschur
ISBN 3-925828-26-5

Dieses Buch ist für jene bestimmt, die sich in ihrer Lebenssituation und mit sich selbst nicht wohlfühlen. Es ist als Hilfe für jene gedacht, die zwar Veränderungen herbeiführen möchten – doch nicht wissen wie.

Wer sich darin wiedererkennt, wird hier, praktisch und einfühlsam, dazu angeleitet, seine festsitzenden Gewohnheiten und Emotionen zu erforschen, seine wirklichen Bedürfnisse zu entdecken und persönliche Lebenslösungen zu finden, die dem eigenen Weg entsprechen.

Stéphanie Spindler
Die Kunst, den eigenen Weg zu finden
120 Seiten
Broschur
ISBN 3-925828-27-3